U0789650

# 世遺雕版之

# 龍藏地藏經

◎弘化社 編

文物出版社

斯十

## 《世遺雕版之龍藏地藏經》出版前言

雕版印刷技藝起源于公元六世紀之唐代，凝聚着中國古代造紙術、制墨術、雕刻術、摹拓術等幾種優秀傳統工藝，是重要的非物質文化遺産。

本次發起『世遺雕版之龍藏地藏經』珍品再造復原項目，是對非物質文化遺産——雕版雕刻與刷印技藝的保護與傳承，也是對文化藝術的發展與弘揚。

世遺雕版藏經院項目組

己亥年十二月

# 地藏菩薩本願經卷下　斯十

唐于闐國三藏沙門實叉難陀譯

## 利益存亡品第七

爾時地藏菩薩摩訶薩白佛言世尊我觀是閻浮衆生舉心動念無非是罪脫獲善利多退初心若遇惡緣念念增益是等輩人如履泥塗負於重石漸困漸重足步深邃若得遇知識替與減負或全與負是知識有大力故復相扶助勸令牢脚若達平地須省惡路無再經歷世尊習惡衆生從纖毫間便至無量

是諸衆生有如此習臨命終時父母眷屬宜爲設福以資前路或懸幡蓋及然油燈或轉讀尊經或供養佛像及諸聖像乃至念佛菩薩及辟支佛名字一名一號歷臨終人耳根或聞在本識是諸衆生所造惡業計其感果必墮惡趣緣是眷屬爲臨終人修此聖因如是衆罪悉皆消滅若能更爲身死之後七七日內廣造衆善能使是諸衆生永離惡趣得生人天受勝妙樂現在眷屬利益無量是故我今對佛世尊及天龍八部人非人等勸於

閻浮提衆生臨終之日慎勿殺害及造惡緣拜祭鬼神求諸魍魎何以故爾所殺害乃至拜祭無纖毫之力利益亡人但結罪緣轉增深重假使來世或現在生得獲聖分生人天中緣是臨終被諸眷屬造是惡因亦令是命終人殃累對辯晚生善處何況臨命終人在生未曾有少善根各據本業自受惡趣何忍眷屬更爲增業譬如有人從遠地來絕粮三日所負擔物強過百斤忽遇隣人更附少物以是之故轉復困重世尊我觀閻浮衆生但

能於諸佛教中乃至善事一毛一渧一沙一塵如是利益悉皆自得說是語時會中有一長者名曰大辯是長者久證無生化度十方現長者身合掌恭敬問地藏菩薩言大士是南閻浮提衆生命終之後小大眷屬爲修功



德乃至設齋造衆善因是命終人得大利益及解脫不地藏荅言長者我今爲未來現在一切衆生承佛威力略說是事長者未來現在諸衆生等臨命終日得聞一佛名一菩薩名一辟支佛名不問有罪無罪悉得解脫若

有男子女人在生不修善因多造衆罪命終
之後眷屬小大爲造福利一切聖事七分之
中而乃獲一六分功德生者自利以是之故
未來現在善男女等聞健自修分分全獲無
常大鬼不期而到冥冥遊神未知罪福七七
日内如癡如聾或在諸司辯論業果審定之
後據業受生未測之間千萬愁苦何況墮於
諸惡趣等是命終人未得受生在七七日内
念念之間望諸骨肉眷屬與造福力救拔過
是日後隨業受報若是罪人動經千百歲中

無解脫日若是五無間罪墮大地獄千劫萬劫永受衆苦復次長者如是罪業衆生命終之後眷屬骨肉爲修營齋資助業道未齋食竟及營齋之次米泔菜葉不棄於地乃至諸食未獻佛僧勿得先食如有違食及不精勤



是命終人了不得力如精勤護淨奉獻佛僧是命終人七分獲一是故長者閻浮衆生若能爲其父母乃至眷屬命終之後設齋供養志心勤懇如是之人存亡獲利説是語時忉利天宮有千萬億那由他閻浮鬼神悉發無

量菩提之心大辯長者作禮而退

## 閻羅王衆讚歎品第八

爾時鐵圍山内有無量鬼王與閻羅天子俱詣忉利來到佛所所謂惡毒鬼王多惡鬼王大諍鬼王白虎鬼王血虎鬼王赤虎鬼王散殃鬼王飛身鬼王電光鬼王狼牙鬼王千眼鬼王噉獸鬼王負石鬼王主耗鬼王主禍鬼王主食鬼王主財鬼王主畜鬼王主禽鬼王主獸鬼王主魅鬼王主產鬼王主命鬼王主疾鬼王主險鬼王三目鬼王四目鬼王五目

鬼王祁利失王大祁利失王祁利叉王大祁利叉王阿那吒王大阿那吒王如是等大鬼王各各與百千諸小鬼王盡居閻浮提各有所執各有所主是諸鬼王與閻羅天子承佛威神及地藏菩薩摩訶薩力俱詣忉利在一面立爾時閻羅天子胡跪合掌白佛言世尊我等今者與諸鬼王承佛威神及地藏菩薩摩訶薩力方得詣此忉利大會亦是我等獲善利故我今有小疑事敢問世尊唯願世尊慈悲宣說佛告閻羅天子恣汝所問吾爲汝

說是時閻羅天子瞻禮世尊及迴視地藏菩薩而白佛言世尊我觀地藏菩薩在六道中百千方便而度罪苦衆生不辭疲倦是大菩薩有如是不可思議神通之事然諸衆生脫獲罪報未久之間又墮惡道世尊是地藏菩





薩既有如是不可思議神力云何衆生而不依止善道永取解脫唯願世尊爲我解說佛告閻羅天子南閻浮提衆生其性剛強難調難伏是大菩薩於百千劫頭頭救拔如是衆生早令解脫是罪報人乃至墮大惡趣菩薩

以方便力拔出根本業緣而遣悟宿世之事自是閻浮衆生結惡習重旋出旋入勞斯菩薩久經劫數而作度脫譬如有人迷失本家誤入險道其險道中多諸夜叉及虎狼師子蚖蛇蝮蠍如是迷人在險道中須臾之間即遭諸毒有一知識多解大術善禁是毒乃及夜叉諸惡毒等忽逢迷人欲進險道而語之言咄哉男子爲何事故而入此路有何異術能制諸毒是迷路人忽聞是語方知險道即便退步求出此路是善知識提携接手引出

險道免諸惡毒至于好道令得安樂而語之
言咄哉迷人自今已後勿履是道此路入者
卒難得出復損性命是迷路人亦生感重臨
別之時知識又言若見親知及諸路人若男
若女言於此路多諸毒惡喪失性命無令是



衆自取其死是故地藏菩薩具大慈悲救拔
罪苦衆生生天人中令受妙樂是諸罪衆知
業道苦脱得出離永不再歷如迷路人誤入
險道遇善知識引接令出永不復入逢見他
人復勸莫入自言因是迷故得解脱竟更不

復入若再履踐猶尚迷誤不覺舊曾所落險道或致失命如墮惡趣地藏菩薩方便力故使令解脫生人天中旋又再入若業結重永處地獄無解脫時爾時惡毒鬼王合掌恭敬白佛言世尊我等諸鬼王其數無量在閻浮提或利益人或損害人各各不同然是業報使我眷屬遊行世界多惡少善過人家庭或城邑聚落莊園房舍或有男子女人修毛髮善事乃至懸一旛一蓋少香少華供養佛像及菩薩像或轉讀尊經燒香供養一句一偈

我等鬼王敬禮是人如過去現在未來諸佛
勑諸小鬼各有大力及土地分便令衛護不
令惡事橫事惡病橫病乃至不如意事近於
此舍等處何況入門佛讚鬼王善哉善哉汝
等及與閻羅能如是擁護善男女等吾亦告
梵王帝釋令衛護汝說是語時會中有一鬼
王名曰主命白佛言世尊我本業緣主閻浮
人命生時死時我皆主之在我本願甚欲利
益自是衆生不會我意致令生死俱不得安
何以故是閻浮提人初生之時不問男女或

欲生時但作善事增益舍宅自令土地無量
歡喜擁護子母得大安樂利益眷屬或已生
下慎勿殺害取諸鮮味供給產母及廣聚眷
屬飲酒食肉歌樂絃管能令子母不得安樂
何以故是產難時有無數惡鬼及魍魎精魅



欲食腥血是我早令舍宅土地靈祇荷護子
母使令安樂而得利益如是之人見安樂故
便合設福答諸土地翻爲殺害集聚眷屬以
是之故犯殃自受子母俱損又閻浮提臨命
終人不問善惡我欲令是命終之人不落惡

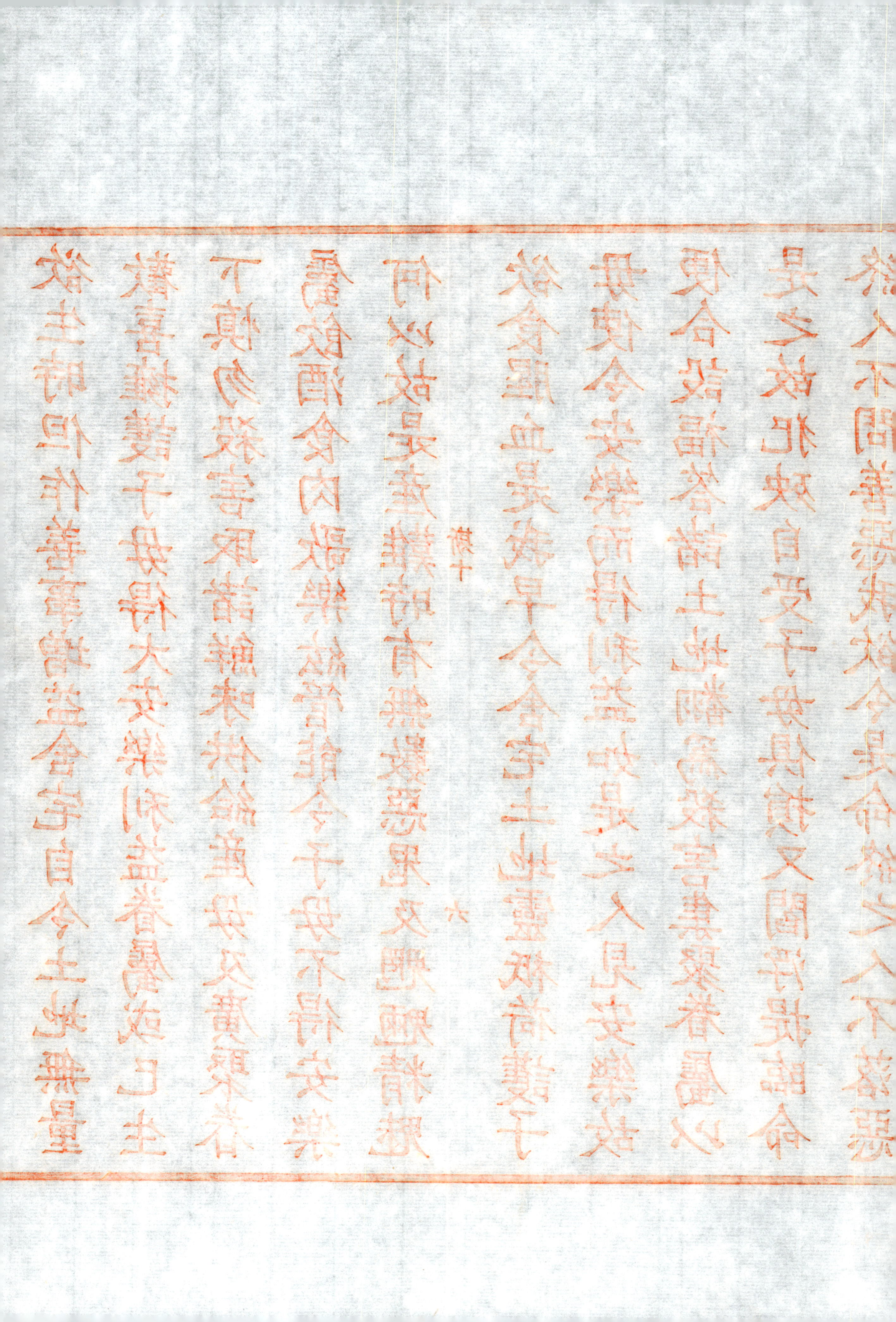

[illegible]

[illegible]

[illegible]

[illegible]

[illegible]

[illegible]

[illegible]

[illegible]

[illegible]

[illegible]

道何況自修善根增我力故是閻浮提行善之人臨命終時亦有百千惡道鬼神或變作父母乃至諸眷屬引接亡人令落惡道何況本造惡者世尊如是閻浮提男子女人臨命終時神識惛昧不辯善惡乃至眼耳更無見聞是諸眷屬當須設大供養轉讀尊經念佛菩薩名號如是善緣能令亡者離諸惡道諸魔鬼神悉皆退散世尊一切衆生臨命終時若得聞一佛名一菩薩名或大乘經典一句一偈我觀如是輩人除五無間殺害之罪小

小惡業合墮惡趣者尋即解脫佛告主命鬼
王汝大慈故能發如是大願於生死中護諸
衆生若未來世中有男子女人至生死時汝
莫退是願總令解脫永得安樂鬼王白佛言
願不有慮我畢是形念念擁護閻浮衆生生



時死時俱得安樂但願諸衆生於生死時信
受我語無不解脫獲大利益爾時佛告地藏
菩薩是大鬼王主命者已曾經百千生作大
鬼王於生死中擁護衆生是大士慈悲願故
現大鬼身實非鬼也却後過一百七十劫當

得成佛號曰無相如來劫名安樂世界名淨住其佛壽命不可計劫地藏是大鬼王其事如是不可思議所度天人亦不可限量

## 稱佛名號品第九

爾時地藏菩薩摩訶薩白佛言世尊我今爲未來衆生演利益事於生死中得大利益唯願世尊聽我說之佛告地藏菩薩汝今欲興慈悲救拔一切罪苦六道衆生演不思議事今正是時唯當速說吾即涅槃使汝早畢是願吾亦無憂現在未來一切衆王地藏菩薩

白佛言世尊過去無量阿僧祇劫有佛出世號無邊身如來若有男子女人聞是佛名暫生恭敬即得超越四十劫生死重罪何况塑畫形像供養讚歎其人獲福無量無邊又於過去恒河沙劫有佛出世號寶性如來若有

男子女人聞是佛名一彈指頃發心歸依是人於無上道永不退轉又於過去有佛出世號波頭摩勝如來若有男子女人聞是佛名歷於耳根是人當得千返生於六欲天中何况志心稱念又於過去不可說不可說阿僧

祇劫有佛出世號師子吼如來若有男子女人聞是佛名一念歸依是人得遇無量諸佛摩頂授記又於過去有佛出世號拘留孫佛若有男子女人聞是佛名志心瞻禮或復讚歎是人於賢劫千佛會中爲大梵王得授上



記又於過去有佛出世號毘婆尸若有男子女人聞是佛名永不墮惡道常生人天受勝妙樂又於過去無量無數恒河沙劫有佛出世號寶勝如來若有男子女人聞是佛名畢竟不墮惡道常在天上受勝妙樂又於過去

有佛出世號寶相如來若有男子女人聞是
佛名生恭敬心是人不久得阿羅漢果又於
過去無量阿僧祇劫有佛出世號袈裟幢如
來若有男子女人聞是佛名者超一百大劫
生死之罪又於過去有佛出世號大通山王
如來若有男子女人聞是佛名者是人得遇
恒河沙佛廣爲說法必成菩提又於過去有
淨月佛山王佛智勝佛淨名王佛智成就佛
無上佛妙聲佛滿月佛月面佛有如是等不
可說佛世尊現在未來一切衆生若天若人

若男若女但念得一佛名號功德無量何況多名是衆生等生時死時自得大利終不墮惡道若有臨命終人家中眷屬乃至一人爲是病人高聲念一佛名是命終人除五無間罪餘業報等悉得消滅是五無間罪雖至極



重動經億劫了不得出承斯臨命終時他人爲其稱念佛名於是罪中亦漸消滅何況衆生自稱自念獲福無量滅無量罪

## 校量布施功德緣品第十

爾時地藏菩薩摩訶薩承佛威神從座而起

胡跪合掌白佛言世尊我觀業道衆生校量布施有輕有重有一生受福有十生受福有百生千生受大福利者是事云何唯願世尊爲我說之爾時佛告地藏菩薩吾今於切利天宮一切衆會說閻浮提布施校量功德輕



重汝當諦聽吾爲汝說地藏白佛言我疑是事願樂欲聞佛告地藏菩薩南閻浮提有諸國王宰輔大臣大長者大刹利大婆羅門等若遇最下貧窮乃至癃殘瘖啞聾癡無目如是種種不完具者是大國王等欲布施時若

能具大慈悲下心含笑親手遍布施或使人施軟言慰喻是國王等所獲福利如布施百恒河沙佛功德之利何以故緣是國王等於是最貧賤輩及不完具者發大慈心是故福利有如此報百千生中常得七寶具足何況衣食受用復次地藏若未來世有諸國王至婆羅門等遇佛塔寺或佛形像乃至菩薩聲聞辟支佛像躬自營辦供養布施是國王等當得三劫爲帝釋身受勝妙樂若能以此布施福利迴向法界是大國王等於十劫中常

爲大梵天王復次地藏若未來世有諸國王至婆羅門等遇先佛塔廟或至經像毀壞破落乃能發心修補是國王等或自營辦或勸他人乃至百千人等布施結緣是國王等百千生中常爲轉輪王身如是他人同布施者

斯十

十

百千生中常爲小國王身更能於塔廟前發迴向心如是國王乃及諸人盡成佛道以此果報無量無邊復次地藏未來世中有諸國王及婆羅門等見諸老病及生産婦女若一念間具大慈心布施醫藥飲食卧具使令安

樂如是福利最不思議一百劫中常爲淨居天主二百劫中常爲六欲天主畢竟成佛永不墮惡道乃至百千生中耳不聞苦聲復次地藏若未來世中有諸國王及婆羅門等能作如是布施獲福無量更能迴向不問多少畢竟成佛何況釋梵轉輪之報是故地藏普勸衆生當如是學復次地藏未來世中若善男子善女人於佛法中種少善根毛髮沙塵等許所受福利不可爲喻復次地藏未來世中若有善男子善女人遇佛形像菩薩形像

辟支佛形像轉輪王形像布施供養得無量福常在人天受勝妙樂若能迴向法界是人福利不可爲喻復次地藏未來世中若有善男子善女人遇大乘經典或聽聞一偈一句發殷重心讚歎恭敬布施供養是人獲大果報無量無邊若能迴向法界其福不可爲喻



復次地藏若未來世中有善男子善女人遇佛塔寺大乘經典新者布施供養瞻禮讚歎恭敬合掌若遇故者或毀壞者修補營理或獨發心或勸多人同共發心如是等輩三十

生中常爲諸小國王檀越之人常爲輪王還以善法教化諸小國王復次地藏未來世中若有善男子善女人於佛法中所種善根或布施供養或修補塔寺或裝理經典乃至一毛一塵一沙一渧如是善事但能迴向法界是人功德百千生中受上妙樂如但迴向自家眷屬或自身利益如是之果即三生受樂捨一得萬報是故地藏布施因縁其事如是

## 地神護法品第十一

爾時堅牢地神白佛言世尊我從昔來瞻視

頂禮無量菩薩摩訶薩皆是大不可思議神
通智慧廣度衆生是地藏菩薩摩訶薩於諸
菩薩誓願深重世尊是地藏菩薩於閻浮提
有大因緣如文殊普賢觀音彌勒亦化百千
身形度於六道其願尚有畢竟是地藏菩薩
教化六道一切衆生所發誓願劫數如千百
億恒河沙世尊我觀未來及現在衆生於所
住處於南方清潔之地以土石竹木作其龕
室是中能塑畫乃至金銀銅鐵作地藏形像
燒香供養瞻禮讚歎是人居處即得十種利

益何等爲十一者土地豐壤二者家宅永安
三者先亡生天四者現存益壽五者所求遂
意六者無水火災七者虛耗辟除八者杜絶
惡夢九者出入神護十者多遇聖因世尊未
來世中及現在衆生若能於所住處方面作



如是供養得如是利益復白佛言世尊未來
世中若有善男子善女人於所住處有此經
典及菩薩像是人更能轉讀經典供養菩薩
我常日夜以本神力衛護是人乃至水火盜
賊大橫小橫一切惡事悉皆消滅佛告堅牢

地神汝大神力諸神少及何以故閻浮土地悉蒙汝護乃至草木沙石稻麻竹葦穀米寶貝從地而有皆因汝力又當稱揚地藏菩薩利益之事汝之功德及以神通百千倍於常分地神若未來世中有善男子善女人供養菩薩及轉讀是經但依地藏本願經一事修行者汝以本神力而擁護之勿令一切災害及不如意事輙聞於耳何况令受非但汝獨護是人故亦有釋梵眷屬諸天眷屬擁護是人何故得如是聖賢擁護皆由瞻禮地藏形

像及轉讀是本願經故自然畢竟出離苦海
證涅槃樂以是之故得大擁護

## 見聞利益品第十二

爾時世尊從頂門上放百千萬億大毫相光
所謂白毫相光大白毫相光瑞毫相光大瑞



毫相光玉毫相光大玉毫相光紫毫相光大
紫毫相光青毫相光大青毫相光碧毫相光
大碧毫相光紅毫相光大紅毫相光緑毫相
光大緑毫相光金毫相光大金毫相光慶雲
毫相光大慶雲毫相光千輪毫光大千輪毫

光寶輪毫光大寶輪毫光日輪毫光大日輪毫光月輪毫光大月輪毫光宮殿毫光大宮殿毫光海雲毫光大海雲毫光於頂門上放如是等毫相光已出微妙音告諸大衆天龍八部人非人等聽吾今日於忉利天宮稱揚讃歎地藏菩薩於人天中利益等事不思議事超聖因事證十地事畢竟不退阿耨多羅三藐三菩提事說是語時會中有一菩薩摩訶薩名觀世音從座而起胡跪合掌白佛言世尊是地藏菩薩摩訶薩具大慈悲憐愍罪

苦衆生於千萬億世界化千萬億身所有功
德及不思議威神之力我聞世尊與十方無
量諸佛異口同音讚歎地藏菩薩云正使過
去現在未來諸佛說其功德猶不能盡向者
又蒙世尊普告大衆欲稱揚地藏利益等事
唯願世尊爲現在未來一切衆生稱揚地藏
不思議事令天龍八部瞻禮獲福佛告觀世
音菩薩汝於娑婆世界有大因緣若天若龍
若男若女若神若鬼乃至六道罪苦衆生聞
汝名者見汝形者戀慕汝者讚歎汝者是諸

衆生於無上道必不退轉常生人天具受妙樂因果將熟遇佛授記汝今具大慈悲憐愍衆生及天龍八部聽吾宣說地藏菩薩不思議利益之事汝當諦聽吾今說之觀世音言唯然世尊願樂欲聞佛告觀世音菩薩未來



現在諸世界中有天人受天福盡有五衰相現或有墮於惡道之者如是天人若男若女當現相時或見地藏菩薩形像或聞地藏菩薩名一瞻一禮是諸天人轉增天福受大快樂永不墮三惡道報何況見聞菩薩以諸香

華衣服飲食寶貝瓔珞布施供養所獲功德福利無量無邊復次觀世音若未來現在諸世界中六道衆生臨命終時得聞地藏菩薩名一聲歷耳根者是諸衆生永不歷三惡道苦何況臨命終時父母眷屬將是命終人舍宅財物寶貝衣服塑畫地藏形像或使病人未終之時眼耳見聞知道眷屬將舍宅寶貝等爲其自身塑畫地藏菩薩形像是人若是業報合受重病者承斯功德尋即除愈壽命增益是人若是業報命盡應有一切罪障業

障合墮惡趣者承斯功德命終之後即生人天受勝妙樂一切罪障悉皆消滅復次觀世音菩薩若未來世有男子女人或乳哺時或三歲五歲十歲已下亡失父母乃及亡失兄弟姊妹是人年既長大思憶父母及諸眷屬



不知落在何趣生何世界生何天中是人若能塑畫地藏菩薩形像乃至聞名一瞻一禮一日至七日莫退初心聞名見形瞻禮供養是人眷屬假因業故墮惡趣者計當劫數承斯男女兄弟姊妹塑畫地藏形像瞻禮功德

尋即解脫生人天中受勝妙樂者即承斯功
德轉增聖因受無量樂是人更能三七日中
一心瞻禮地藏形像念其名字滿於萬遍當
得菩薩現無邊身具告是人眷屬生界或於
夢中菩薩現大神力親領是人於諸世界見
諸眷屬更能每日念菩薩名千遍至于千日
是人當得菩薩遣所在土地鬼神終身衛護
現世衣食豐溢無諸疾苦乃至橫事不入其
門何況及身是人畢竟得菩薩摩頂授記復
次觀世音菩薩若未來世有善男子善女人

欲發廣大慈心救度一切衆生者欲修無上菩提者欲出離三界者是諸人等見地藏形像及聞名者至心歸依或以香華衣服寶貝飲食供養瞻禮是善男女等所願速成永無障礙復次觀世音若未來世有善男子善女人欲求現在未來百千萬億等願百千萬億等事但當歸依瞻禮供養讚歎地藏菩薩形像如是所願所求悉皆成就復願地藏菩薩具大慈悲永擁護我是人於睡夢中即得菩薩摩頂授記復次觀世音菩薩若未來世善

欲發廣大慈心救度一切衆生者欲修無上
菩提者欲出離三界者是諸人等見地藏形
像及聞名者至心歸依或以香華衣服寶貝
飲食供養瞻禮是善男女等所願速成永無
障礙復次觀世音若未來世有善男子善女

等事但當歸依瞻禮供養讚歎地藏菩薩形
像如是所願所求悉皆成就復願地藏菩薩
具大慈悲永擁護我是人於睡夢中即得菩
薩摩頂授記復次觀世音若未來世善

男子善女人於大乘經典深生珍重發不思議心欲讀欲誦縱遇明師教視令熟旋得旋忘動經年月不能讀誦是善男子等有宿業障未得消除故於大乘經典無讀誦性如是之人聞地藏菩薩名見地藏菩薩像具以本



心恭敬陳白更以香華衣服飲食一切玩具供養菩薩以淨水一盞經一日一夜安菩薩前然後合掌請服迴首向南臨入口時至心鄭重服水既畢慎五辛酒肉邪淫妄語及諸殺害一七日或三七日是善男子善女人於

睡夢中具見地藏菩薩現無邊身於是人處授灌頂水其人夢覺即獲聰明應是經典一歷耳根即當永記更不忘失一句一偈復次觀世音菩薩若未來世有諸人等衣食不足求者乖願或多病疾或多凶衰家宅不安眷屬分散或諸橫事多來忤身睡夢之間多有驚怖如是人等聞地藏名見地藏形至心恭敬念滿萬遍是諸不如意事漸漸消滅即得安樂衣食豐溢乃至於睡夢中悉皆安樂復次觀世音菩薩若未來世有善男子善女人

或因治生或因公私或因生死或因急事入山林中過渡河海乃及大水或經險道是人先當念地藏菩薩名萬遍所過土地鬼神衛護行住坐卧永保安樂乃至逢於虎狼師子一切毒害不能損之佛告觀世音菩薩是地

斯十　十七

藏菩薩於閻浮提有大因緣若說於諸衆生見聞利益等事百千劫中說不能盡是故觀世音汝以神力流布是經令娑婆世界衆生百千萬劫永受安樂爾時世尊而說偈言

吾觀地藏威神力　恒河沙劫說難盡

見聞瞻禮一念間　利益人天無量事
若男若女若龍神　報盡應當墮惡道
至心歸依大士身　壽命轉增除罪障
少失父母恩愛者　未知魂神在何趣
兄弟姊妹及諸親　生長以來皆不識
或塑或畫大士身　悲戀瞻禮不暫捨
三七日中念其名　菩薩當現無邊體
示其眷屬所生界　縱墮惡趣尋出離
若能不退是初心　即獲摩頂受聖記
欲修無上菩提者　乃至出離三界苦

是人既發大悲心　先當瞻禮大士像
一切諸願速成就　永無業障能遮止
有人發心念經典　欲度群迷超彼岸
雖立是願不思議　旋讀旋忘多廢失
斯人有業障惑故　於大乘經不能記

供養地藏以香華　衣服飲食諸玩具
以淨水安大士前　一日一夜求服之
發殷重心慎五辛　酒肉邪婬及妄語
三七日內勿殺害　至心思念大士名
即於夢中見無邊　覺來便得利根耳

應是經教歷耳聞　千萬生中永不忘
以是大士不思議　能使斯人獲此慧
貧窮衆生及疾病　家宅凶衰眷屬離
睡夢之中悉不安　求者乖違無稱遂
至心瞻禮地藏像　一切惡事皆消滅
至於夢中盡得安　衣食豐饒神鬼護
欲入山林及渡海　毒惡禽獸及惡人
惡神惡鬼幷惡風　一切諸難諸苦惱
但當瞻禮及供養　地藏菩薩大士像
如是山林大海中　應是諸惡皆消滅

觀音至心聽吾說　地藏無盡不思議
百千萬劫說不周　廣宣大士如是力
地藏名字人若聞　乃至見像瞻禮者
香華衣服飲食奉　供養百千受妙樂
若能以此迴法界　畢竟成佛超生死
是故觀音汝當知　普告恒沙諸國土

囑累人天品第十三

爾時世尊舉金色臂又摩地藏菩薩摩訶薩頂而作是言地藏地藏汝之神力不可思議汝之慈悲不可思議汝之智慧不可思議汝

之辯才不可思議正使十方諸佛讚歎宣說
汝之不思議事千萬劫中不能得盡地藏地
藏記吾今日在忉利天中於百千萬億不可
說不可說一切諸佛菩薩天龍八部大會之
中再以人天諸衆生等未出三界在火宅中

者付囑於汝無令是諸衆生墮惡趣中一日
一夜何況更落五無間及阿鼻地獄動經千
萬億劫無有出期地藏是南閻浮提衆生志
性無定習惡者多縱發善心須臾即退若遇
惡緣念念增長以是之故吾分是形百千億

化度隨其根性而度脫之地藏吾今慇懃以天人衆付囑於汝未來之世若有天人及善男子善女人於佛法中種少善根一毛一塵一沙一渧汝以道力擁護是人漸修無上勿令退失復次地藏未來世中若天若人隨業報應落在惡趣臨墮趣中或至門首是諸衆生若能念得一佛名一菩薩名一句一偈大乘經典是諸衆生汝以神力方便救拔於是人所現無邊身爲碎地獄遣令生天受勝妙樂爾時世尊而說偈言

現在未來天人衆　吾今慇懃付囑汝
以大神通方便度　勿令墮在諸惡趣

爾時地藏菩薩摩訶薩胡跪合掌白佛言世尊唯願世尊不以爲慮未來世中若有善男子善女人於佛法中一念恭敬我亦百千方便度脫是人於生死中速得解脫何況聞諸善事念念修行自然於無上道永不退轉說是語時會中有一菩薩名虛空藏白佛言世尊我自至忉利聞於如來讚歎地藏菩薩威神勢力不可思議未來世中若有善男子善

女人乃及一切天龍聞此經典及地藏名字或瞻禮形像得幾種福利唯願世尊爲未來現在一切衆等畧而說之佛告虚空藏菩薩諦聽諦聽吾當爲汝分別說之若未來世有善男子善女人見地藏形像及聞此經乃至



讀誦香華飲食衣服珍寶布施供養讚歎瞻禮得二十八種利益一者天龍護念二者善果日增三者集聖上因四者菩提不退五者衣食豐足六者疾疫不臨七者離水火災八者無盜賊厄九者人見欽敬十者神鬼助持

十一者女轉男身十二者爲王臣女十三者端正相好十四者多生天上十五者或爲帝王十六者宿智命通十七者有求皆從十八者眷屬歡樂十九者諸横消滅二十者業道永除二十一者去處盡通二十二者夜夢安樂二十三者先亡離苦二十四者宿福受生二十五者諸聖讚歎二十六者聰明利根二十七者饒慈愍心二十八者畢竟成佛復次虛空藏菩薩若現在未來天龍鬼神聞地藏名禮地藏形或聞地藏本願事行讚歎瞻禮

得七種利益一者速超聖地二者惡業消滅三者諸佛護臨四者菩提不退五者增長本力六者宿命皆通七者畢竟成佛爾時十方一切諸來不可說不可說諸佛如來及大菩薩天龍八部聞釋迦牟尼佛稱揚讚歎地藏菩薩大威神力不可思議歎未曾有是時忉利天雨無量香華天衣珠瓔供養釋迦牟尼佛及地藏菩薩已一切衆會俱復瞻禮合掌而退

地藏菩薩本願經卷下

音釋

替他計切代也 懇口很切誠也 蠍許竭切毒蟲也 横户孟切不以理也 哺蒲故切以口飼食也

口口餉食也
也甫滿故切又諏乃豎擊黷乃擴不又顯
替位也計切緻口徵切發諧嗇切巾甘切
音釋

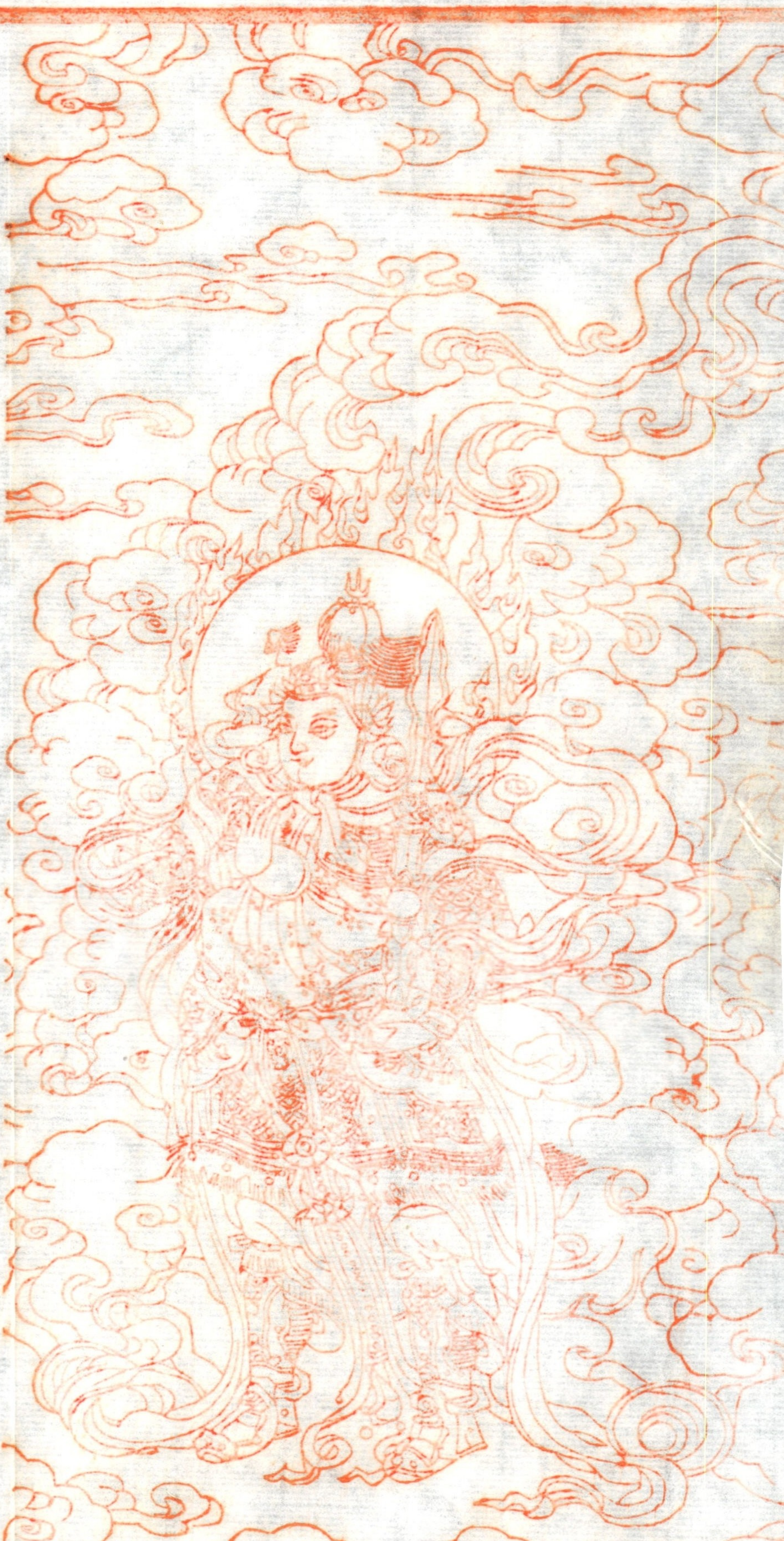

責任編輯　賈東營
責任印製　張道奇

## 图书在版编目 (CIP) 数据

世遺雕版之龍藏地藏經 / 弘化社編. —北京：文物出版社，2019.12

ISBN 978-7-5010-6138-9

Ⅰ. ①世… Ⅱ. ①弘… Ⅲ. ①佛經 Ⅳ. ①B942

中國版本圖書館 CIP 數據核字 (2019) 第 097877 號

**世遺雕版之龍藏地藏經**

弘化社　編

出版發行　文物出版社
郵　　編　一〇〇〇〇七
地　　址　北京市東直門内北小街二號樓
網　　址　hppt://www.wenwu.com
郵　　箱　web@wenwu.com
製版印刷　揚州古籍綫裝文化有限公司
版　　次　二〇一九年十二月第一版
　　　　　二〇一九年十二月第一次印刷
書　　號　ISBN 978-7-5010-6138-9
定　　價　貳仟伍佰圓